Estimados familiares de lectores jóvenes:

Aprender a leer es uno de los logros más importantes de la infancia. Es una tarea difícil, pero los libros de la serie *¡Hola, lector!* pueden facilitar el aprendizaje.

Cuando se practica un deporte o se aprende a tocar un instrumento musical, se tiene que participar en juegos, oír música y tocar el instrumento para mantener el interés y la motivación. Cuando se aprende a leer, se tienen que buscar oportunidades para practicar y disfrutar de la lectura. Los libros de *¡Hola, lector!* han sido cuidadosamente elaborados para este fin y ofrecen cuentos entretenidos con niveles de texto adecuados para que la lectura sea un placer.

Les recomendamos estas actividades:

- El aprendizaje de la lectura comienza con el alfabeto. En las primeras etapas, ustedes pueden alentar al niño a concentrarse en los sonidos de las letras dentro de las palabras y a deletrear las palabras. Con los niños que tienen más experiencia, pueden poner más énfasis en la ortografía. ¡Conviértanse en observadores de palabras!

- Vayan más allá del libro. Hablen sobre el cuento, compárenlo con otros cuentos y pregunten al niño qué es lo que más le gustó.

- Comprueben si el niño ha comprendido lo que acaba de leer. Pídanle que les cuente el cuento con sus propias palabras o conteste las preguntas que ustedes le hagan.

A esta edad, los niños también suelen aprender a montar bicicleta. Al principio ustedes ponen ruedas especiales para entrenarlos y guían la bicicleta desde atrás. De la misma manera, los libros de *¡Hola, lector!* ayudan a los niños a aprender a leer. Pronto los verán levantar el vuelo como hábiles lectores.

—Francic Alexander
Directora Académica
Scholastic Education

A Ben, *mirus nepos*
— M.B. y G.B.

Mi especial agradecimiento a Paul L. Sieswerda de la Sociedad para la Conservación de la Vida Silvestre (Wildlife Conservation Society) por su asesoramiento

Originally published in English as *STING!*

ISBN 0-439-85434-2

Photography credits:
Cover: John Visser/Bruce Coleman Inc.; page 1: C. Wolcott Henry III/National Geographic Society/Getty Images; page 3: Kim Taylor/Bruce Coleman Inc.; page 4: Terie Rakke/The Image Bank/Getty Images; page 5: Kim Taylor/Bruce Coleman Inc.; page 6: Treat Davidson/Photo Researchers; page 7: Scott Camazine/ Photo Researchers; page 8: Art Wolfe/The Image Bank/Getty Images; page 9: Bradley Simmons/Bruce Coleman Inc.; page 10: Hans Christian Heap/FPG/Getty Images; page 11: PhotoDisc/Getty Images; page 12: Gilbert S. Grant/Photo Researchers; page 13: Len Rue Jr./Photo Researchers; page 14: Dr. Paul A. Zahl/ Photo Researchers; page 15: Norman Owen Tomalin/Bruce Coleman Inc.; page 16: Bruce Clendenning/ Bruce Coleman Inc.; page 17: Steve Cooper/Photo Researchers; page 18 top: Scott Camazine/Photo Researchers; page 18 bottom: E.R. Degginger/Bruce Coleman Inc.; page 19: Scott Camazine/Photo Researchers; page 20: Gary Vestal/The Image Bank/Getty Images; page 21: Peter Ward/Bruce Coleman Inc.; page 22: J.C. Carton/Bruce Coleman Inc.; page 23: Tom McHugh/Photo Researchers; page 24: E.R. Degginger/Bruce Coleman Inc.; page 25: Tom McHugh/Photo Researchers; page 26: Peter B. Kaplan/Photo Researchers; pages 28-29: Anthony Bannister/Photo Researchers; page 30: Steve Cooper/Photo Researchers; page 31: C.K. Lorenz/Photo Researchers; page 32: Art Wolfe/Stone/Getty Images; page 33: Joyce R. Wilson/Photo Researchers; page 34 top: Art Wolfe/Stone/Getty Images; page 34 bottom: Gail Shumway/FPG/Getty Images; page 35:Victor Englebert/Photo Researchers; page 36: Tom Brakefield/Bruce Coleman Inc.; page 37: Gary Bell/FPG/Getty Images; pages 38-39: Ron & Valerie Taylor/Bruce Coleman Inc.; page 40: Stephen Krasemann/Stone/Getty Images.

12 11 10 9 8 7 6 5 4 3 2   6 7 8 9 10 11/0

Printed in the U.S.A.   23

First Spanish printing, September 2006

¡VENENO!

Un libro sobre animales peligrosos

por Melvin y Gilda Berger

¡Hola, lector de ciencias! — Nivel 3

SCHOLASTIC INC. Cartwheel B·O·O·K·S·®

New York Toronto London Auckland Sydney
Mexico City New Delhi Hong Kong Buenos Aires

CAPÍTULO 1
Abejas

Casi todas las **abejas** pican.

Eso ya lo sabías.

¿Pero sabes por qué pican?

Las abejas pican para protegerse.

Las abejas pican a los animales y las

personas que:

- se acercan demasiado,
- tratan de atraparlas o
- roban miel de sus panales.

Las abejas utilizan su aguijón para picar.
El aguijón es como una flecha pequeña
que ellas tienen en un extremo de su
cuerpo.
El aguijón de
una abeja tiene
púas en el
costado.

El aguijón está
unido a un
órgano especial
que hay dentro
de la abeja.
Este órgano se llama
glándula.
Esta glándula fabrica veneno.
El aguijón inyecta este veneno
en los animales o las personas.
Los animales que inyectan veneno
se conocen como animales **venenosos**.

Todos los panales
tienen abejas
especializadas
en proteger
la miel.
Estas abejas se
llaman **abejas**
guardianas.
Los extraños que se

acerquen a un panal deben tener cuidado.
Las abejas guardianas pueden atacar y picarlos.

Los osos suelen meter sus garras en los
panales para conseguir miel.
Sacuden el panal y las abejas se dan cuenta
del peligro.
Salen en grupo del panal.
Todas las abejas clavan el aguijón en el
cuerpo del oso y se alejan sin el aguijón.
Ninguna de estas abejas volverá a picar.
Estas abejas mueren poco tiempo después.

Mientras tanto, los aguijones
permanecen en
la piel del oso,
vertiendo su veneno.
El veneno en las
heridas puede ser
muy doloroso.
Hace que el oso corra
¡MUY RÁPIDO!

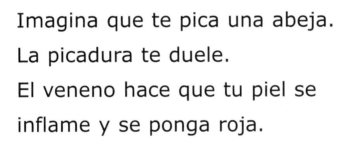

Imagina que te pica una abeja.
La picadura te duele.
El veneno hace que tu piel se
inflame y se ponga roja.

Deberás hacer lo siguiente:

- Primero, debes sacar el aguijón
  con las uñas.
  No rasques ni pellizques la
  picadura. Eso podría hacer que
  entrara más veneno en tu cuerpo.

- Segundo, lávate la piel con agua y jabón. Puedes poner hielo sobre la picadura.

  Si sientes mareo o aturdimiento, ¡ve a un doctor inmediatamente!

Recuerda:

- La abejas a veces tienen que picar.
- ¡Pican para proteger sus panales!

CAPÍTULO 2
Hormigas

Casi todas las **hormigas** tienen
aguijones. Pero no todas tienen
glándulas venenosas.
Muchas hormigas son inofensivas.
No pueden hacerte daño.

Pero hay hormigas que son venenosas.
Sus aguijones están unidos a
glándulas venenosas.
Estas hormigas pueden ser peligrosas.

Una de las hormigas más venenosas es la **hormiga roja de fuego**.
Es tan pequeña como la uña de tu dedo meñique. Pero pica muy duro.

Las hormigas de fuego viven en Suramérica y en el sur de los Estados Unidos. Estas hormigas construyen grandes montículos de tierra. Algunos montículos pueden llegarte a la cintura. En un solo montículo puede haber cientos de miles de hormigas de fuego.

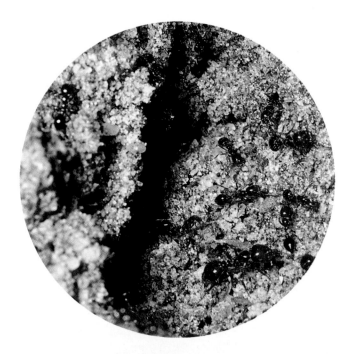

A veces, una persona o un animal
tropieza con un montículo.
Esto asusta a las hormigas,
que salen del montículo y atacan.

Cuando atacan, las
hormigas de fuego
clavan sus pinzas
en la piel de la
víctima.
Entonces inyectan
una dosis de veneno.
¡AY!
El veneno se siente como un
pinchazo con una aguja hirviente.

Las hormigas de fuego sacuden la cola,
alistan las pinzas
y pican en un lugar diferente.
Sacuden y pican,
sacuden y pican,
sacuden y pican.

Poco tiempo después, en la piel de la víctima aparece un círculo rojo por la picadura.

Las hormigas de fuego tienen unas primas muy grandes. Algunas son tan grandes como tu pulgar. Se llaman **hormigas bulldog** y viven en Australia.

Las hormigas bulldog también viven en grupos grandes. Su veneno es muy fuerte y atacan muchas a la vez. Las hormigas son como los bulldogs, que cuando muerden, no sueltan a la víctima.

Las hormigas bulldog pican a cualquiera que se acerque a su nido. Trata de mantenerte fuera de su alcance.

CAPÍTULO 3
Arañas y alacranes

Todas las arañas tienen colmillos que parecen dientes curvos y torcidos. Los colmillos son largos y afilados. Por dentro son huecos.

Todas las arañas tienen glándulas venenosas. Las arañas utilizan sus colmillos y las glándulas venenosas para atrapar su alimento.

Las arañas pican para después poder ingerir la comida. Los colmillos introducen el veneno en los insectos y los animales que atrapan. A estos insectos y animales se les llama **presa**. El veneno ablanda el cuerpo de la presa y la araña chupa la masa líquida.

Las arañas matan moscas, zancudos y otros insectos. Algunas arañas comen ranas, peces, ratones y otros animales pequeños. Las arañas llegan a comerse unas a otras. Pero muy pocas arañas hacen daño a los humanos.

La **araña viuda negra** es insólita.

Es pequeña, negra y brillante y tiene
una mancha roja. La viuda negra vive en
Norteamérica. Suele habitar en casas viejas,
garajes y establos.

La viuda negra suele esconderse
cuando hay gente alrededor.
Pero si alguien toca a una
viuda negra, ésta
podría picar.

Casi
nadie
siente la
picadura
de una
viuda negra.
Pero poco
después, los
músculos duelen. Se ponen rígidos y el dolor
dura por varios días.

La **tarántula** es otro tipo de araña.
Vive en lugares calientes.
Las tarántulas son grandes, peludas y
dan mucho miedo. Algunas son tan
grandes como un plato.

Las tarántulas comen insectos, pájaros
y ratones. También pican a las
lagartijas, serpientes y avispas que las
atacan. Es muy raro que una tarántula
pique a una persona.

Los **alacranes** o **escorpiones** parecen langostas pequeñas. Sin embargo, aquí va una sorpresa: ¡los alacranes no viven en el mar, viven en la tierra!

Todos los alacranes tienen ocho patas y dos pinzas grandes enfrente. En la punta de la cola tienen un aguijón. El aguijón expulsa veneno. Los alacranes utilizan el aguijón para capturar a sus presas.

Los alacranes cazan insectos, arañas, ranas y ratones.
Sujetan a sus presas con las pinzas, levantando la cola rápidamente sobre su propio cuerpo. El aguijón con el veneno está listo y ¡ZAS! El aguijón inyecta una dosis de veneno en la presa.
La presa suele morir.

¿Qué pasa cuando una persona o
un animal grande toca a un alacrán?
El alacrán da un coletazo y pica.
La picadura duele.
Pero es raro que ocasione la muerte.

Muchos alacranes venenosos viven en
desiertos secos y calientes. Parece que
prefieren los lugares cálidos y oscuros.
Les gusta mucho esconderse dentro de
las botas. ¡Por eso los vaqueros suelen
dormir con las botas puestas!

CAPÍTULO 4
Serpientes y lagartos

No todas las **serpientes** son venenosas.
En los Estados Unidos hay solamente
unas 20 clases de serpientes venenosas.

Las serpientes venenosas tienen dos
colmillos en la mandíbula superior.
Los colmillos están conectados a
glándulas venenosas. Algunos colmillos
son huecos. Algunos son acanalados.
La serpiente suelta el veneno cuando
muerde el cuerpo de su presa.

Es muy difícil ver los
colmillos de las serpientes.
Las serpientes los mantienen doblados
hacia atrás dentro de la boca
hasta que divisan a sus presas.
Los colmillos se enderezan.
La boca se abre.
Y la serpiente se lanza hacia delante.

Después de morder, se deslizan hacia atrás. Las serpientes esperan a que el veneno haga efecto.

Poco tiempo después, la presa muere. Las serpientes vuelven a avanzar para comer. Abren sus enormes fauces y agarran a sus presas. GLUP.

Las serpientes se comen al animal entero, ¡sin masticarlo!

¿Puedes imaginar una serpiente tan larga como un camión?

Bueno, ¡así de larga es la **cobra rey**!

Mide unos 5.5 metros.

¡La cobra rey es la criatura venenosa más larga del mundo!

Vive en Asia.

A veces, una cobra rey se encuentra con un elefante.

La serpiente levanta la cabeza del suelo... y ataca.

La cobra introduce su veneno muy profundamente dentro de la herida.

El elefante se tambalea.

Después cae de rodillas.

Al final, se desploma... ¡muerto!

Ahora podrás entender por qué los elefantes sólo le temen a las cobras.

Las **cobras escupidoras** viven en
África y Asia. También son venenosas.
Pero lo que hacen no es precisamente
escupir. Expulsan veneno de unas
cavidades que tienen en la punta de los
colmillos. Parece como si saliera agua
de una pistola de agua.
El veneno de una cobra escupidora es
muy poderoso.

Las cobras escupidoras suelen apuntar
hacia objetos brillantes.
Por lo general, apuntan a los ojos de
animales o personas.
Esto enceguece a sus víctimas.
Las cobras avanzan y matan.

En una ocasión, las serpientes venenosas
contribuyeron a la victoria en una batalla.
Hace unos 2.200 años hubo un gran general
llamado Aníbal.

Antes de una batalla en el mar,
Aníbal ordenó a sus soldados que
recolectaran serpientes venenosas y
las pusieran en frascos.
Los hombres arrojaron los frascos
a los barcos enemigos.

¡Los adversarios se rindieron
sin ofrecer resistencia!

Los **lagartos** parecen serpientes regordetas con piernas.
Existen unas 3.000 clases diferentes de lagartos.
Solamente son venenosas dos clases.
Una es el **lagarto de collar** de México.

La otra es el **monstruo de Gila**, que vive en los desiertos del sudoeste de los Estados Unidos.

Este lagarto no tiene colmillos.

Tiene canales en sus dientes inferiores.

Cuando muerde, el veneno fluye por esos canales.

Después de morder, el monstruo de Gila sigue mordiendo.

Esto hace que entre aun más veneno en la herida. ¡Los monstruos de Gila llegan a morder a sus víctimas hasta diez minutos seguidos!

CAPÍTULO 5
Ranas y peces

Algunos animales no pueden enfrentarse a sus enemigos porque son muy pequeños. Una piel venenosa ayuda a mantenerlos a salvo.

Muchas **ranas** fabrican veneno dentro de sus cuerpos. El veneno sale y cubre su piel. Los animales que comen estas ranas se enferman. El veneno protege a las ranas pequeñas y débiles de los enemigos grandes y fuertes.

Hay una historia de hadas en la que una princesa besa a una rana. La rana se convierte en un príncipe muy atractivo. ¡No vayas a besar a una rana! Las ranas saben muy mal. Y el veneno te quemará los labios.

Muchas ranas tienen colores brillantes. Las que tienen los colores más brillantes suelen ser las más venenosas. Los colores son una advertencia. Los enemigos que intenten comerse a estas ranas aprenderán a mantenerse alejados de ellas. ¡Tú debes hacer lo mismo!

Las **ranas flecha bicolor** son pequeñas y tienen marcas de colores brillantes.
Viven en las selvas de América del Sur y Centroamérica.

La gente que vive en la selva utiliza el veneno de las ranas flecha bicolor para cazar.
Calientan las ranas sobre el fuego.
El veneno gotea y los cazadores untan el veneno en sus dardos.
Después disparan los dardos contra sus presas para matarlas.

Muchos peces de colores son venenosos.

Entre ellos se encuentran el **pez pavo**, el **pez piedra** y el **pez escorpión**.

Todos tienen espinas largas, duras y afiladas en sus aletas.

Cada espina lleva un poderoso veneno.

Los peces utilizan las espinas para protegerse.

El **pulpo de anillos azules**, pequeño y muy lindo, vive en las aguas de Australia. La gente levanta a estos pulpos con frecuencia para mirarlos de cerca. ¡TRAS! El pulpo los muerde. Su veneno mortífero ha llevado a algunos a la tumba.

Las medusas son animales de mar que
parecen una masa de gelatina
de la que cuelgan muchos
flecos largos.
Cada fleco tiene muchos aguijones.

A veces, algún pez toca uno de
los flecos de la medusa.
El fleco dispara hilos
cortos y afilados que
están cubiertos
de veneno.
Los hilos golpean
al pez.
El pez no tarda
en quedar
inmóvil.
La medusa se lleva
lentamente el
pez a la boca.

La medusa más venenosa que existe es
la avispa de mar.
Parece la mitad de una pelota de fútbol
flotando en el mar.
De su cuerpo cuelgan unos 60 flecos.
Cada uno es tan largo como
un poste de luz.

Las personas que nadan en
las aguas de Australia deben
tener cuidado con
las avispas de mar.
¡Su veneno es tan fuerte
que puede matar
a una persona!

Muchos animales —abejas, hormigas, arañas, serpientes, lagartos y medusas— son criaturas peligrosas. Algunos utilizan su veneno para defenderse.

Otros lo utilizan para cazar a sus presas. Pero todos estos animales necesitan veneno para vivir.

Sin el veneno, ninguno podría sobrevivir en su ambiente natural.